AF243323

DE LA
RÉCUSATION DES MAGISTRATS

POUR CAUSE

DE PARENTÉ OU D'ALLIANCE

AVEC LES DÉFENSEURS DES PARTIES

OBSERVATIONS

à l'appui de la Pétition adressée aux Chambres

PAR LES

AVOUÉS DE LIÉGE

LIÉGE

N. REDOUTÉ, Imprimeur de l'Administration communale
Rue de la Cathédrale, 11

1854

Pièce
8° F
704

DE LA

RÉCUSATION DES MAGISTRATS

DE LA
RÉCUSATION DES MAGISTRATS

POUR CAUSE

DE PARENTÉ OU D'ALLIANCE

AVEC LES DÉFENSEURS DES PARTIES

OBSERVATIONS

à l'appui de la Pétition adressée aux Chambres

PAR LES

AVOUÉS DE LIÉGE

LIÉGE

N. REDOUTÉ, Imprimeur de l'Administration communale
Rue de la Cathédrale, 11

1854

Depuis quelques années, on s'occupe de la révision de nos lois.

Le Code civil, le Code pénal et le Code de commerce ont été l'objet de réformes nombreuses.

Le Code de procédure, qui est le plus important et le plus défectueux de tous, n'a été amendé que dans quelques uns de ses titres ; il veut l'être dans ses parties essentielles.

Une Commission a été instituée par le Ministre de la Justice pour rechercher les améliorations qui y sont devenues indispensables. Elle est en ce moment chargée d'un travail sur les pouvoirs et les attributions des juges.

Nous ne voulons pas, à ce propos, soulever des questions

de théorie, ni provoquer des innovations dont l'utilité serait plus ou moins douteuse.

Mais notre organisation judiciaire présente des vices radicaux et de grands abus : nous regardons comme un devoir de signaler ceux dont on a le plus à se plaindre, et d'en solliciter la réformation.

Tel est notre but, et nous n'avons pas cru le dépasser en proposant les moyens de remédier au mal.

RÉCUSATION DES MAGISTRATS.

———

Il existe dans notre législation une regrettable lacune.

Aucun des textes actuellement en vigueur ne s'oppose à ce que les magistrats, qui siégent dans les cours et les tribunaux comme présidents, juges, conseillers ou officiers du parquet, connaissent des affaires où leurs proches, soit parents, soit alliés, plaident comme avocats ou postulent comme avoués.

De là il arrive que des magistrats ont à statuer sur des causes où leurs fils et leurs gendres sont employés comme avoués, et il se trouve également que plus d'un avocat a devant lui, quand il plaide, son père qui occupe le siége du président ou du juge, ou le banc du ministère public.

Ce sont là de graves abus : des considérations de tout genre exigent qu'il y soit mis un terme sans retard.

Dans la société, c'est entre des hommes que les différends s'élèvent , et c'est par des hommes que ces différends sont jugés et vidés. Ceux qui sont investis du formidable pouvoir de prononcer , par voie de contrainte , sur les droits et les intérêts de tous , ont besoin d'un prestige qui les place au-dessus de leurs semblables : ce prestige , c'est l'impartialité. Il est nécessaire qu'on croie qu'un juge n'est pas un homme comme les autres hommes ; qu'il a cette vertu, qu'ils n'ont pas, de rester maître, toujours et partout, de son cœur. Laisser prendre le moindre crédit à l'idée qu'il peut être vulgairement asservi aux passions qui égarent le reste des mortels , qu'il a des affections qu'il écoute , des convoitises qu'il assouvit , des inimitiés qu'il sert , c'est éteindre la foi du justiciable en son juge.

Pour que la justice soit administrée comme elle doit l'être, il ne faut donc pas que le juge donne prise au plus léger soupçon ; il ne faut pas qu'on puisse dire qu'il prête l'oreille à des suggestions , quelles qu'elles soient et d'où qu'elles viennent ; il ne faut pas, surtout, qu'il semble avoir des favoris et des protégés.

Ces conditions, si impérieusement requises, existent-elles, peuvent-elles exister , quand une parenté étroite lie entre eux le juge et les représentants légaux des parties en procès devant ce juge ?

Le public , au contraire , n'a-t-il pas une excuse toute prête pour ses mauvaises suppositions et ses arrière-pensées, quand le président d'une cour d'appel consent à écouter les débats animés d'une affaire où son fils figure ostensiblement comme avocat ; quand le président d'un tribunal de première instance s'habitue à statuer sur les causes où son gendre a été employé comme avoué ; quand un avocat-général n'hésite pas à entrer en lutte avec un défenseur qui n'est autre que son propre fils?...

Nous avons, quant à nous, pleine confiance dans l'intégrité de nos magistrats, et nous les savons incapables d'obéir sciemment à tout autre conseil que celui de leur conscience. Mais, pourtant , qui peut empêcher le doute de naître dans l'esprit des plaideurs, de l'auditoire, et même de l'avoué ou de l'avocat concurrents?

Quoi! cet avocat-général et son fils se voient à tous les instants, ils logent sous le même toit et mangent à la même table; ils étudient côte à côte, amicalement , dans les mêmes livres, la question de droit pénal sur laquelle ils prendront, le jour même ou le lendemain, parti l'un contre l'autre; et l'on voudrait que, dans l'intimité du foyer domestique, ils ne fissent pas, de ce qui les préoccupe tous les deux, le sujet de la conversation la plus naturelle du monde, qu'ils n'échangeassent pas là-dessus leurs idées, qu'ils ne se communiquassent pas leurs moyens! On voudrait qu'ils ne ne se formassent pas, d'ores et déjà, et en dehors des débats de l'audience, une conviction sur le point à juger! On voudrait que le père, en franchissant, le matin, le seuil de la chambre correctionnelle ou de la cour d'assises, s'arrachât de la mémoire tout ce qui y a été gravé, qu'il ne lui restât dans l'esprit aucun des arguments qui ont pu y faire impression, qu'il fût, en un mot, vis-à-vis de son fils, ce qu'il serait en face d'un étranger, libre de toute prévention, dégagé de toute influence, dépouillé de toute opinion préconçue!...

Est-ce possible, est-ce humain? Déjà, dans l'entretien le

plus léger, dans la querelle la plus frivole, nous nous sen-
tons, tous tant que nous sommes, instinctivement portés à
donner raison à celui des contendants que nous connaissons
le mieux ou que nous affectionnons le plus : c'est l'amitié
qui nous aveugle et qui nous fait, malgré nous, accorder aux
faits les plus insignifiants, aux phrases les plus banales, aux
pensées les plus communes, une importance et une valeur
qu'ils n'ont pas. Est-ce que l'amour paternel ne se laisse pas,
plus facilement encore, entraîner à de bien plus cruelles mé-
prises? Dans le fils qu'il aime, le père ne découvre-t-il pas des
capacités qui ne seront jamais aperçues que par lui, ou dont
il s'exagère la portée? On a tout dit sur ces tristes aber-
rations du cœur, et l'on ne sache pas que l'entrée dans les
fonctions publiques ait jamais opéré ce miracle d'en exempter
qui que ce soit. Oui, quoi qu'il fasse, — devant ce jeune
homme qui a grandi sous ses yeux, qu'il a intérêt à voir
sortir de la foule, et dont quelques succès peuvent établir la
réputation, — oui, le magistrat impassible et rigide doit
s'évanouir, et aisément faire place au plus naïf des admi-
rateurs. Il cesse d'avoir, — c'est plus fort que lui, —
toute la fermeté que requiert son rôle, et il court le risque
de se trouver sans arguments vis-à-vis d'une défense qui,
présentée par un autre, lui eût paru moins péremptoire.
Il est de bonne foi — qui songe à le nier ? — mais il n'en est
pas moins dans une position équivoque : il y a en lui une
lutte perpétuelle entre les devoirs de ses fonctions et les
illusions de sa tendresse.

Comme particulier, on peut ne pas avoir à se plaindre d'un aussi fâcheux spectacle ; mais la société veut

être autrement protégée et servie. Ici, la force et la majesté de l'accusation publique sont en jeu. Ce serait folie que de sacrifier d'aussi graves intérêts à des motifs de complaisance filiale.

Ce qui se passe devant les tribunaux criminels se reproduit devant les juridictions civiles, mais avec des conséquences infiniment plus funestes. Il ne s'agit plus, cette fois, de simples convenances violées, d'un officier du ministère public qui réplique debout à son fils, et qui, s'il ne reste pas tout à fait étranger à la décision, n'y concourt pas directement, du moins, par son vote. Ici le magistrat a un rôle autrement militant et actif : il est *juge* dans l'acception sacrée du mot; il tient la balance dans la main, il dit à haute voix pour qui elle penche; il délibère, il absout, il condamne; son opinion, c'est une sentence.

Mais ce juge, mais ce président de tribunal ou de cour, qui a un fils avocat ou un gendre avoué, n'a-t-il pas, avec des parents qui le touchent de si près, des relations de famille fréquentes, journalières, intimes ?

Son intérêt n'est-il pas le leur?

Son sort n'est-il pas solidaire de leur sort?

Ne profite-t-il pas, dans sa fortune et dans son bien-être, de l'accroissement de leur fortune et de leur bien-être ?

Ne leur est-il pas lié, dans le présent et dans l'avenir, par une indissoluble communauté?

Et, assailli de tant de côtés à la fois, n'est-il pas irrésistiblement, fatalement voué à avoir pour eux de ces attentions, de ces faiblesses, de ces complaisances, qui sont très innocentes et très permises dans la vie ordinaire, mais qu'on ne peut pardonner dans la vie du magistrat ?...

Nous ne passerons pas puérilement en revue toutes les occasions où le fils peut se trouver en contact avec son père : on comprend qu'il n'y a jamais pour lui ni oreille fermée ni porte close. Or, c'est là ce qui blesse la pudeur publique et ce qui remplit d'effroi le plaideur(1). Que cette facilité d'approcher à toute heure un membre important du tribunal ou de la cour, ne procure au visiteur d'autre avantage que celui d'une agréable conversation ; qu'entre eux l'entretien reste toujours dans les généralités de la science du droit ; qu'il n'y soit jamais question de la cause plaidée la veille ou de la requête présentée le matin : nous le pensons, quant à nous, on ne peut plus fermement. Mais la croyance qui nous anime, est-elle partagée par tout le monde ? L'individu condamné et aigri n'attribue-t-il pas son échec à d'odieuses influences, et, pour *maudire* son juge, n'a-t-il pas un prétexte

---

(1) Pour soustraire le juge aux influences du monde , la loi exige, en quelque sorte , qu'il vive à l'écart , et en dehors du milieu social. Dans cette pensée , elle lui a fait une position à part , elle l'a rendu inamovible et inviolable , elle lui a assuré un traitement élevé , elle l'a entouré d'immunités et de prérogatives nombreuses. C'est dans le même but qu'elle a fait peser sur lui certaines incompatibilités , et qu'elle lui a interdit *d'exercer soit par lui-même , soit sous le nom de son épouse , ou par toute autre personne interposée , aucune espèce de commerce.*

On sait comment cette prohibition de faire le commerce est respectée à Liége !

tout trouvé ? Enfin, le public, si avide de scandale, ne se complaît-il pas à redire, à répandre, à grossir ces plaintes, et n'en vient-il pas, avec sa malignité habituelle, à s'écrier, sur le ton des axiomes établis au palais, que pour gagner sa cause il suffit de prendre *M. tel* pour avocat et *M. tel* pour avoué ?

Calomnie et mensonge ! va-t-on nous répondre avec autant de fierté que de raison.

Mais prenons garde.

De quoi s'agit-il ?

Il s'agit de savoir, non pas si ces imputations sont calomnieuses et mensongères — elles le sont — mais si elles se colportent, si elles se propagent, si elles s'accréditent dans la foule des justiciables.

Quelque pénible que soit cet aveu, il faut bien convenir qu'il en est ainsi.

Oui, la justice est suspectée, oui, des doutes injurieux poursuivent la magistrature, oui, son autorité en souffre et en pâtit.

Qu'on ne nous demande pas des preuves à l'appui de ce que nous avançons. Est-ce qu'une pareille calamité judiciaire se démontre par des faits ?.. Qu'est-ce donc que la notoriété publique ?

Voilà la plaie. Pour montrer combien elle est vive et profonde, il faut la faire toucher du doigt partout.

On connaît la nature à la fois défiante et crédule du plaideur. L'homme dont la fortune dépend, en tout ou en partie, du gain d'un procès, ne rêve pas seulement à s'assurer les bonnes grâces de son juge : il craint toujours que

son adversaire ne les obtienne à son détriment. La moindre
démarche de l'un provoque nécessairement , de la part de
l'autre , une démarche identique. Tout compte pour un
avantage , et tout avantage rompt l'égalité des chances. De
là , des transes indicibles. Les gens les plus sérieux ont
peine à se défendre de ces préjugés; la masse en est imbue.
Avoir pour conseil ou pour avoué le fils du président, passe
pour un des plus sûrs moyens de se rendre le président
favorable : on ne manque pas de recourir au moyen. Tant
pis si le président n'a qu'un fils avocat ou un gendre avoué,
car s'il en avait deux, l'autre serait infailliblement, et en toute
hâte, pris par la partie adverse, déjà toute pleine de terreurs
et de trépidations. Mais à défaut de fils de président , celle-
ci se résigne à s'adresser à un simple fils de juge ; à défaut
de fils de juge , à un gendre de juge: on ne va ailleurs que
lorsque la bonne parenté est épuisée (1).

---

(1) M. Dupin a publié , en 1824 , sous ce titre : *Des Magistrats
d'autrefois, des Magistrats de la Révolution, des Magistrats à venir,*
un opuscule qui a été réimprimé dans le *Manuel des Etudiants en
Droit.* On lit à la page 408 de ce livre :

« Si la loi a sagement fait d'établir certaines incompatibilités, dont
» l'effet est d'empêcher que les parents de certain degré ne soient à
» la fois juges, greffiers ou procureurs du roi dans le même siége ,
» de manière à composer une espèce de tribunal de famille, il serait
» également essentiel d'empêcher, par exemple, que le père ou l'oncle
» étant *juges* , le fils ou le neveu fussent *avoués* dans le même tri-
» bunal. *On ne se fait pas une idée du triste effet que de pareilles*
» *rencontres produisent sur l'esprit des justiciables.*
» Il y a tel tribunal de province composé de trois juges ; l'un est

Cela est triste à dire : oui , un avocat qui est fils d'un conseiller à la cour , un avoué qui est gendre d'un président de tribunal , c'est chose demandée , recherchée , courue. Chez ces messieurs les clients affluent , se pressent , font queue ; de sorte que l'issue heureuse d'un procès semble moins tenir à la bonté du droit , qu'à la promptitude qu'on met à s'assurer du patronage du fils ou du gendre de son juge.

Et le fléau ne s'arrêtera pas là : il a déjà gagné la cour , le tribunal , les référés ; il envahira les autres degrés de la hiérarchie judiciaire. Si l'on n'y met ordre , bientôt on

» président , son neveu est avoué ; un second juge a son fils avocat ;
» un suppléant a également un fils avoué.

» Qu'arrive-t-il ? Un plaideur avisé se hâte de constituer le neveu
» du président et charge le fils du juge de plaider sa cause; un interve-
» nant s'empare du fils du suppléant ; et voilà l'autre partie désolée,
» s'imaginant , à tort sans doute mais avec douleur cependant , que
» la parenté influera inévitablement, sur le sort du procès. Ajoutez
» à cela que la tendance que le plaideur a naturellement vers la
» plainte est encore augmentée par la rivalité des autres avoués ,
» qui se croient lésés par l'esprit de népotisme ou de parenté.

» *La crainte est-elle fondée , c'est une calamité !.. Est-elle chi-*
» *mérique , c'est toujours une chose fâcheuse que des magistrats*
» *soient ainsi exposés au soupçon.*

» C'est à l'autorité , qui surveille les abus , à prévenir ceux-là ;
» il suffit d'avertir qu'ils existent dans plus d'un tribunal de pro-
» vince. »

En vérité , ne croirait-on pas que cette page a été écrite en 1851, en contemplation de ce qui se passe dans quelques-uns de nos tri-bunaux ?

heurtera le népotisme carrément assis aux portes des justices de paix et des tribunaux de simple police eux-mêmes.
Grâce au ciel, ces petites juridictions sont encore un peu
libres et ouvertes à tout venant : si un avocat y parle de
temps à autre devant son oncle, un autre n'y rencontre pas
encore, du moins, son père ou son beau-père. Mais patience,
cela viendra.

On fut longtemps au Palais sans voir des avocats et des
avoués plaider et postuler sous la tutelle de leurs pères :
dans les premiers moments, on put croire que l'empresse-
ments des plaideurs à se rendre chez ces messieurs était le
résultat de la nouveauté même, que ce n'était qu'une préfé-
rence passagère, une crise sans durée. Espoir chimérique !
Le mouvement se continue et se soutient, le courant établi
se régularise ; les affaires arrivent de plus en plus nombreuses dans les mains de ces privilégiés de la robe, dont la
clientèle s'accroît de ce qui abandonne et déserte les autres.
Et qu'on ne vienne pas insinuer que la puissance de leur
titre béni s'exerce contre ceux-là seulement que rien ne re-
commande à la faveur du public : elle s'attaque à tous, aux
vieux comme aux jeunes, aux avocats célèbres comme aux
parliers obscurs, aux procureurs antiques comme aux
avoués modernes ; âge, probité, réputation, rien ne met à
l'abri de ses trop sûres atteintes.

L'expérience est faite, à l'évidence il faut se rendre. Force
est de reconnaître que la parenté ou l'alliance avec un magistrat profite aux uns et nuit aux autres ; qu'elle constitue
pour ceux-là une véritable supériorité, pour ceux-ci une
véritable infériorité ; qu'elle crée des positions exception-

nelles, favorables pour les uns, que le monopole enrichit, désastreuses pour les autres, qui, sans motif, voient se reti- rer d'eux une clientèle laborieusement acquise ; qu'elle rend toute lutte inégale, toute concurrence impossible ; en un mot, qu'elle substitue aux conditions ordinaires et réelles du succès dans toute profession, — l'aptitude, l'activité, la science, le talent, — une condition extraordinaire et illégitime.

Tel est l'abus. Il est profond et déjà invétéré. Il appelle un remède prompt et énergique.

Quel sera-t-il ?

Pour l'avenir, et en ce qui concerne les avoués, il n'est pas à redouter qu'il s'en fasse de nouvelles nominations dans les cours et les tribunaux où siége quelqu'un de leurs parents ou de leurs alliés. A cet égard, le gouvernement a déjà posé des précédents dont il ne lui est plus permis de revenir. Le ministre de la justice a tout récemment refusé de nommer avoués aux tribunaux de Neufchâteau et de Liége les fils des président et vice-président, bien que ces candidats fussent présentés en première ligne par ces tribu- naux et qu'ils fussent certainement dignes d'être choisis.

Là-dessus, pas de difficulté.

Mais en ce qui concerne les avoués déjà pourvus de leur brevet de nomination ; en ce qui concerne surtout les avo- cats, qui, pour exercer leur profession, n'ont besoin d'aucun octroi du pouvoir et qui échappent à toute mesure régle- mentaire, comment parviendra-t-on à neutraliser les per- nicieux effets de leur parenté ou de leur alliance, soit avec

2

les magistrats, soit avec les officiers du parquet, et , par
suite, à rendre aux justiciables les garanties dont les prive
l'état actuel des choses?

Le moyen est plus simple qu'on ne pense. C'est la récusation, la récusation forcée du magistrat ou de l'officier
du parquet dans toutes les affaires où le parent de l'un
ou de l'autre aura été employé comme avocat ou comme
avoué; et ce, sous peine de nullité de la décision rendue(1).

Ce moyen est le seul efficace pour réprimer le népotisme
judiciaire dans ses tendances envahissantes

Dans la législation d'un pays voisin, on a cru pouvoir, il
est vrai, se contenter d'une mesure moins radicale. La loi du
Grand-Duché de Luxembourg, publiée il y a déjà plus de dix
ans (2), se borne, en effet, à décréter, dans son article deux, que

____

(1) « Si les juges font bien attention à la fragilité humaine,
bien loin de regarder la récusation comme une marque de défiance
déshonorante pour eux, ils la considéreront *comme un moyen établi
pour les faire respecter, puisqu'elle écarte d'eux tout ce qui
pourrait faire quelque diminution à la dignité du caractère dont
ils sont revêtus.* » (Pigeau, *Traité de la Procédure civile*. Bruxelles, 1841, t. I, p. 235).

Le chapitre préliminaire que cet auteur consacre à l'examen des
dispositions du Code sur la récusation , est admirable de pensée et de
style. On ne peut trop en recommander la lecture à tous ceux qui
voudraient s'éclairer sur ce sujet.

(2) Voir , à la fin de cette brochure , l'Appendice contenant 1° le
projet de loi présenté aux États du Grand-Duché de Luxembourg ;
2° le texte de cette loi ; 3° le rapport de la Commission chargée d'en
faire l'examen ; et 4° la séance des États-Généraux où elle fut
discutée et votée.

« dans les affaires civiles portées devant la Cour Supérieure
» de justice et devant les tribunaux du Grand-Duché, toutes
» les fois que les défenseurs de l'une des parties, *soit avocat,*
» *soit avoué*, sera parent ou allié à l'un des juges, en ligne
» directe ou en ligne collatérale jusqu'au deuxième dégré,
» il sera loisible à la partie adverse de récuser le magistrat
» ainsi parent ou allié. »

Là, comme on voit, la récusation est facultative ; le plaideur peut, à son gré, accepter ou refuser pour juge le magistrat qui lui est suspect.

C'est déjà quelque chose qu'une pareille disposition ; elle est le fruit d'une expérience dont il est bon de tenir compte ; elle a même pu paraître utile, comme effet moral, en tant qu'avertissement chaque jour répété au juge d'avoir à être impartial et digne. Malgré cela, nous n'hésitons pas à la proclamer incomplète et insuffisante.

Nous l'avons dit, l'homme qui plaide est soupçonneux et trembleur : il croit que son adversaire, par cela seul qu'il est défendu par un fils de juge, a sur lui un avantage décisif ; il est impossible de lui ôter de l'esprit cette idée. D'un autre côté, il craint, non sans raison, de s'aliéner ce même juge en montrant peu de confiance en lui. Dans cette situation, que fera-t-il ? Usant du droit strict que la loi lui confère, osera-t-il récuser ce juge pour qui il n'éprouve pas de sympathie ?

Répondons hardiment que, en thèse générale, il ne l'osera pas ; car récuser un juge de propos délibéré, c'est lui rappeler sa faillibilité, c'est le blesser, c'est mettre en doute sa probité ou ses lumières ; c'est s'exposer à l'influence occulte de ses rancunes dans le procès actuel , et s'attirer ses mauvaises dispositions dans les procès subséquents où le droit de récusation ne pourra pas être exercé. Il arrivera donc que , semblable à l'homme troublé par les épouvantes de la nuit et qui chante à force d'avoir peur, le justiciable n'affichera jamais tant de sécurité qu'au moment où il en sera le plus dépourvu.

Or, il faut que la loi lui épargne la honte de cette hypocrisie, le mensonge de cette fausse assurance ; il faut qu'elle ait pitié de ses terreurs secrètes, qu'elle fasse ce qu'il n'a pas le courage de faire , qu'elle récuse celui qu'il n'ose récuser. Autrement, si la récusation n'est pas obligatoire, si elle doit être proposée par le plaideur lui-même , elle ne sera qu'un palliatif illusoire ; autant vaudrait, peut-être , ne pas la décréter du tout et rester sous l'empire de l'abus. Car si, aujourd'hui , le juge est maître de siéger dans toutes les affaires, il trouve, du moins , un frein salutaire dans l'opinion publique éveillée, dans la presse émue, dans le barreau aux aguets. Légalement mis à l'abri de toute suspicion par une récusation facultative qui ne s'exercera jamais , il échappera de droit à tout contrôle , et répondra à toutes les plaintes par le texte qui leur aura bien imposé silence, mais qui n'en aura pas fait cesser la cause.

Et telle était bien , au surplus, la pensée du projet primitivement présenté aux États du Grand-Duché de Luxembourg, projet dont l'article deux portait que « si la parenté ou » l'alliance est connue du juge, celui-ci , *sans qu'une récu-* » *sation devienne nécessaire*, est tenu de s'abstenir de prendre » part au jugement, à peine de nullité de la décision à » intervenir. »

Cet article consacrait, de la manière la plus formelle, le principe de la récusation obligatoire. Tout en regrettant qu'il n'ait pas été converti en loi, constatons que, des discussions dont il fut l'objet au sein des États-Généraux, il ressort qu'il n'a été retranché que par des considérations de fait étrangères au principe lui-même, et par suite d'une confiance, suffisamment justifiée peut-être, dans l'impartialité des magistrats du pays. En effet, la section chargée de l'examen du projet, ne donnait, de la suppression de cet article, d'autres motifs que ceux-ci :

« Elle ne voulait pas entâcher de nullité radicale les » arrêts et les jugements qui auront été rendus *soit par* » *l'effet d'ignorance du degré de parenté du juge* ou par » l'effet de tout autre cause. Elle était d'ailleurs pleine de » confiance dans la délicatesse et l'impartialité qui doivent » caractériser les juges. »

Ce n'est pas avec de pareilles raisons qu'on réussirait, chez nous, à faire rejeter une loi devenue urgente et réclamée généralement. Qu'importe qu'il faille annuler un arrêt, alors même que la cause de nullité, la parenté ou l'alliance, aurait été ignorée au moment où il a été rendu? C'est, si l'on veut, une triste nécessité ; mais, logiquement, il faut la subir, afin d'éviter les débats, infiniment plus tristes, sur la vérification de l'ignorance alléguée par le juge. A qui fera-t-on croire, d'ailleurs, que la parenté ou l'alliance à un degré rapproché, puisse jamais être ignorée du magistrat et du parent de ce magistrat?... Et quant à invoquer l'impartialité du juge, qui ne voit que, sur les deux questions agitées, c'est en laisser une sans réponse, et résoudre l'autre par la question elle-même ? Car il s'agit précisément de savoir, d'une part, si le juge, en présence de son fils ou de son gendre, est bien sûr de garder cette impartialité sans laquelle il n'y a pas de juge ; et, d'autre part, si le justiciable peut, sincèrement, avoir foi dans l'impartialité d'un homme qui se trouve dans de pareilles conditions. Or, là-dessus, un seul témoignage en dit plus que la dissertation la plus longue : c'est celui de M. Dandrimont, ancien premier-président de la cour d'appel de Liége, qui, pendant sa longue et honorable carrière, a toujours refusé de siéger dans les affaires où son fils, alors avocat, devait prendre la parole....

Récusation forcée : tel est donc, en deux mots, tout notre système.

C'est le seul rationnel, le seul qui puisse rendre aux justiciables la foi dont ils ont besoin dans l'intégrité de leurs juges ; aux juges, le respect et l'estime dont ils ne peuvent se passer sans péril.

Il a donné lieu à une ou deux objections : c'est un honneur que ne pouvait manquer de lui faire l'intérêt personnel menacé. Il eût seulement été à désirer qu'elles fussent un peu moins futiles ou un peu mieux fondées : mais avait-on l'embarras du choix ?

Quoi qu'il en soit, elles servent trop bien notre cause pour les passer sous silence. Les voici.

On nous dit d'abord : « Vous ne voulez pas que les avocats ou les avoués qui sont fils, gendres ou parents de juges, de conseillers ou d'officiers du ministère public, continuent à plaider et à postuler devant leurs pères, beaux-pères et parents respectifs; vous voulez que ceux-ci se récusent chaque fois que se présente une affaire dont leur proche est chargé... Mais y avez-vous bien réfléchi ? Ne voyez-vous pas que c'est là fermer injustement la carrière du barreau à une foule de jeunes gens de mérite ? »

Faut-il répondre ? C'est si facile ! Qui parle de fermer à quelqu'un la carrière du barreau ? Nous la laissons libre pour tout le monde, ouverte au premier venu, accessible, comme par le passé, aux plus simples mortels, aux fils de présidents comme à ceux d'avocat-général. Peut-on, en effet, sérieusement prétendre que *c'est fermer la carrière du barreau* à quelqu'un, que de l'obliger à plaider *devant un autre que son père ?*

Est-ce que, par hasard, le fils d'un président à la cour aura moins de science, de talent et de succès, le jour où il ne sera plus écouté par monsieur le président son père? Est-ce que le gendre d'un président de tribunal devra renoncer à faire une saisie-arrêt, parce qu'il devra obtenir la permission de saisir d'un autre que de monsieur son père ? De quoi peut se plaindre le fils de l'un des juges, s'il n'a pas devant lui monsieur le juge son père? Et le fils d'un officier du parquet aura-t-il moins de sagacité et d'éloquence, parce qu'il y aura, sur le siége du ministère public, un autre défenseur des intérêts de la société que monsieur son père?... Franchement, nous ne pouvons comprendre comment l'avocat, fils de conseiller, de juge, d'avocat-général ou de commissaire de police, verrait son avenir brisé ou compromis parce qu'il cesserait d'avoir au barreau une position privilégiée, parce qu'il y serait vu et reçu comme tout le monde, parce qu'il devrait se soumettre à la libre et loyale concurrence qui est la loi de toutes les professions, de la profession d'avocat et d'avoué comme de toutes les autres!

La vérité, c'est le contraire; la vérité, c'est que ce sont les fils de magistrats qui, dans un temps peu éloigné, fermeront les portes du Palais à tous les jeunes gens qui se destinent au barreau. Et qu'on ne nous accuse pas d'ironie ou d'exagération : ceci est plus qu'une prophétie ; c'est la *prévision de ce qui sera, logiquement déduite de ce qui est,— de ce qui est, à cette heure , publiquement et notoirement*. Personne n'ignore ce qui se passe maintenant : que sera-ce lorsque , dans un an an ou deux , tant de fils de magistrats , qui sont aujourd'hui candidats en droit, seront venus s'ajouter à ceux qui plaident actuellement devant leurs pères !

Au surplus , l'objection fût-elle fondée aussi bien qu'elle ne l'est pas , et la réforme que nous sollicitons dût-elle avoir pour résultat de bannir les fils de magistrats des prétoires où siégent leurs pères , que nous n'y verrions pas encore une raison suffisante pour repousser cette réforme. Qu'on ne l'oublie pas : il ne s'agit pas d'une question d'intérêt privé , il s'agit d'une question d'intérêt général , où les considérations de personne sont sans poids. Si la bonne administration de la justice exige que le magistrat se récuse chaque fois que son fils plaide devant lui , il faut oser proclamer le principe de cette récusation , quoi qu'il advienne, et quelles que soient les positions , acquises ou à acquérir , qui doivent en être atteintes.

En second lieu, l'on nous dit qu'on éprouverait de grandes difficultés pour composer une chambre de tribunal, quand, sur trois juges, il y en aurait deux qui devraient se récuser.

Rappelons que cet inconvénient fut signalé, discuté, approfondi dans le sein de la Commission des États du Grand-Duché de Luxembourg. Dans un pays qui, comme le Grand-Duché, ne compte qu'une population d'environ trois cent mille habitants, et qui n'a qu'un territoire de quelques lieues carrées, on pouvait très raisonnablement, et même de bonne foi, se préoccuper des difficultés d'exécution de la loi sur la récusation. Là, il était permis de croire, et tel avait été l'avis d'une partie de la Commission, que « l'on se trouverait finalement dans le plus grand embarras pour trouver le nombre suffisant de juges, lorsqu'il s'agirait de composer une section, et ce surtout dans un pays où le choix des magistrats se fait dans une *population peu nombreuse* et sur une surface à *limites aussi resserrées* que dans le Grand-Duché. »

Mais quel a été le sort de ces observations? Ont-elles paru assez graves pour faire rejeter une loi salutaire? Nullement. La Commission, au contraire, a reconnu que « le juge lié
» par une *parenté* ou une *alliance* pourrait s'exposer à des
» soupçons de prédilection qui mettent en péril la foi que
» les justiciables doivent avoir dans l'impartialité de leurs
» juges; » et elle a déclaré, sans hésitation, « que ces dernières considérations étant *d'intérêt général*, elles devaient
» l'emporter sur les premières. »

Ce fut cette opinion qui prévalut.

L'objection tirée de l'exiguïté du territoire et de son peu

de population n'a donc pas arrêté le législateur luxembourgeois.

Est-ce que l'on oserait la reproduire en Belgique, dans un
pays dont la population et le territoire sont douze fois plus
considérables ?

Après cela, qu'une loi sur la récusation présente, dans la
pratique, certaines difficultés; qu'à Liége, par exemple, et
dans le moment actuel, le personnel du tribunal ne soit pas
suffisant pour assurer, dans tous les cas, une bonne com-
position des chambres, c'est ce dont nous n'avons pas à nous
inquiéter. Ce ne serait pas là, on le comprend, une raison
avouable pour repousser la loi ; ce serait, tout au plus, un
motif d'augmenter le nombre des juges suppléants ou de créer
une chambre de plus.

Le principe de la récusation obligatoire sorti vainqueur
de cette double épreuve, il ne reste plus qu'à l'appliquer à
nos diverses juridictions.

Les prescriptions de la loi devraient, d'abord, frap-
per les cours d'appel et les tribunaux de première instance: c'est là qu'aujourd'hui l'abus exerce particulièrement
ses ravages.

Elles devraient, ensuite, atteindre les justices de
paix, les tribunaux de commerce et les tribunaux de simple
police : si l'abus ne s'y est introduit déjà, il va s'y intro-
duire.

Sur ces deux points, il n'y a pas de contestation possible : c'est l'évidence qui se touche du doigt.

Mais il faut aller plus loin, et soumettre surtout au ré-
gime bienfaisant de la récusation forcée, les présidents de

tribunaux rendant des ordonnances sur requêtes ou jugeant en référé.

Ceci ne demande que quelques explications.

Les présidents de tribunaux ont à statuer, dans certaines occasions, par voie de simple ordonnance et à huis-clos, sur des requêtes qui leur sont présentées par ministère d'avoué. Quand on réfléchit au grand nombre de cas où ils sont appelés à exercer cette sorte de juridiction gracieuse (1), on est frappé de l'étendue de leurs droits, et on a besoin, pour ne pas trouver leur pouvoir exorbitant, de se rappeler que c'est là une des nécessités de notre ordre social. Comme l'a dit un auteur, « il est dans l'esprit de la loi, autant que dans l'intérêt d'une bonne administration de la justice, que tous les pouvoirs du tribunal se résument, pour les mesures urgentes et provisoires, en la personne du président. La force des choses veut que le président représente le tribunal lorsqu'on n'a pas le temps d'obtenir justice de ce dernier ; sans cela il y aurait manque ou déni de justice (2). »

Mais si, dans l'intérêt même des justiciables, il a fallu confier à un seul homme des attributions aussi importantes, il n'en est que plus indispensable de prémunir les particuliers contre la possibilité d'une décision arbitraire ou in-

(1) Nous ne parlons que des lois anciennes. On sait que, tout récemment encore, la loi nouvelle sur les expropriations forcées est venue augmenter, d'une manière considérable, les pouvoirs des présidents de tribunaux.

(2) Bioche, *Dictionnaire de Procédure*, V° Référé, n° 4.

juste. En effet, lorsqu'un avocat plaide devant un tribunal où siége son père, celui-ci peut encore chercher à faire taire les motifs de prédilection qui le poussent à donner gain de cause à son fils : la solennité des plaidoiries , la publicité de l'au-dience , le contrôle et le contrepoids des magistrats qui sont à ses côtés , tout le convie à se mettre en garde contre la tentation de céder à l'influence de la parenté. Mais quand le magistrat porte une ordonnance sur la requête qui lui est présentée par son fils ou son gendre ; quand cette ordon-nance se rend dans son hôtel , sur les explications données par son proche , en l'absence de la partie adverse qui n'est pas même appelée à vérifier ou à contredire les faits énon-cés, alors toute garantie disparaît, et avec elle toute réserve ; et le magistrat se laissera aller d'autant plus facilement à ses sentiments d'affection , qu'il se fera souvent illusion sur la portée de son ordonnance, en se disant qu'elle ne touche pas au fond du droit.

Cependant, la plupart des ordonnances du président ont une gravité qu'on ne peut méconnaître. Celles-là même qui, au premier abord, paraissent le plus insignifiantes, peuvent consacrer de véritables injustices ; quand il s'agit , par exemple, de demandes d'abréviation de délais, elles peuvent procurer à un plaideur un tour de faveur au rôle ou priver un débiteur du temps ou des moyens nécessaires pour se défendre ou se délibérer.

Tous les arguments que nous avons fait valoir précé-demment se reproduisent donc ici avec plus de force que jamais. Pour les résumer, disons que, dans tous les cas où la volonté du président est une loi, le besoin de prévenir l'arbitraire ou l'injustice est d'autant plus impérieux, que le magistrat est plus exposé à tomber dans l'un ou l'autre de ces excès ; — qu'il occupe un rang plus élevé parmi les membres du tribunal ; — que par cela même il doit être entouré de plus de respect et jouir d'un plus grand renom d'impartialité ; — qu'il importe, enfin, qu'il fasse évanouir tout espoir de spéculation sur sa faiblesse dans l'esprit des plaideurs, trop enclins à assurer à son proche le monopole des affaires sur requêtes.

Mais c'est principalement quand on considère les présidents comme juges de référé, qu'on est effrayé de l'autorité, pour ainsi dire sans bornes, dont la loi les a investis.

La procédure de référé a pour but de faire statuer, de la manière la plus prompte et la plus expéditive, sur tous les cas d'urgence, sur toutes les difficultés qui s'élèvent à propos de l'exécution des titres et des jugements. Les décisions qu'on y obtient sont sans caution, sans opposition. On comprend, par ce peu de mots, combien elle est usitée, avec quelle dangereuse rapidité la justice y est rendue, quel rôle important elle joue dans nos institutions judiciaires. N'en citons qu'un exemple : le juge des référés peut ordonner qu'il sera sursis aux poursuites du créancier: pareil sursis ne peut-il pas être, dans plus d'une circonstance, la cause d'un dommage, d'une perte considérable?(1)

----

(1) « Aussi la loi aurait dû se montrer plus sévère à l'égard des juges de référé ..... Il fallait leur défendre *expressément* d'accorder aucun sursis, toutes les fois que le créancier serait porteur d'un titre authentique, suivi d'un commandement *régulier*, et les rendre

Il ne faut pas perdre de vue que les ordonnances du juge de référé sont exécutoires par provision, et que bien souvent cette exécution peut amener un désastre irréparable. Dans l'exemple, tantôt rappelé, d'un créancier qui exerce des poursuites, si ce créancier est commerçant, et qu'il ait compté sur le résultat de ces poursuites pour faire face à ses obligations, l'arrêter par un sursis, n'est-ce pas le condamner à cesser ses paiements et le mettre sous le coup d'une déclaration de faillite? Chose étrange! Les cours d'appel elles-mêmes ne pourraient pas, en semblable hypothèse, surseoir aux effets d'une condamnation, et le juge des référés, qui est seul, est armé de ce redoutable pouvoir!

« Ici, a dit un auteur, tout est subordonné à la capacité,
» à la science, à la perspicacité et à la prévision du juge.
» Avec de l'intégrité, de la prudence, *et surtout de l'impar-*
» *tialité*, la voie du référé procure de bien précieux avan-
» tages, tandis qu'elle n'offre que perte et dommage aux
» justiciables, si le magistrat qui en est chargé ne possède
» pas les qualités dont nous parlons et *sans lesquelles la*
» *justice n'est plus qu'un piége tendu à l'inexpérience, à la*
» *bonne foi des plaideurs.* (1) »

Ajoutons qu'il existe, dans cette matière si arduo des référés, une foule de points sujets à controverse et sur lesquels le jurisconsulte le plus exercé ne donne guère son

---

responsables des dommages que la suspension des poursuites entraînerait avec elle... » Bilhard, *Traité des Référés*, Bruxelles, 1835, p. 17.

(1) Bilhard, *Traité des Référés*, édition de Bruxelles, 1835, p. 127.

avis qu'avec hésitation et scrupules : dans un embarras de cette espèce, le juge n'obéira-t-il pas d'autant plus aisément à l'influence de la parenté, qu'il croira moins la subir et qu'il s'imaginera n'être mû que par des raisons purement scientifiques ? Or, c'est là le comble du mal ; car si le président était réellement dans le doute, et si l'affection qu'il a pour son fils ou son gendre n'était pas la cause déterminante de sa décision, il n'eût pas manqué de faire reporter l'affaire à l'audience du tribunal, où les plaideurs auraient peut-être présenté une solution différente et meilleure.

S'il est une juridiction où la récusation doive être obligatoire pour cause de parenté ou d'alliance, c'est donc bien celle-là.

APPENDICE.

—

Projet de loi présenté aux Etats-Généraux du Grand-Duché de Luxembourg, le 6 juin 1843.

Nous Guillaume II, etc.

Considérant....

Avons ordonné et ordonnons ce qui suit :

Art 1er. — Dans les affaires civiles portées devant la cour supérieure de justice et devant les tribunaux de notre Grand Duché, toutes les fois que le défenseur de l'une des parties, soit avocat, soit avoué, sera parent ou allié à l'un des juges en ligne; directe , et jusque et inclusivement le 3e degré en collatérale, il sera loisible à la partie adverse de recuser le magistrat, ainsi allié au parent.

Art. 2. — Si la parenté ou l'alliance est connue du juge, celui-ci, SANS QU'UNE RÉCUSATION DEVIENNE NÉCESSAIRE , *est tenu* de s'abstenir de prendre part à l'arrêt ou jugement, *à peine de nullité de la décision à intervenir.*

—

Rapport lu par M. Hoffman , dans la séance du 18 juin 1843.

Votre 1re section , à laquelle vous avez renvoyé le projet de loi concernant la récusation des juges, a terminé sa mission.

Comme elle m'a chargé de vous faire connaître son avis, je vais avoir l'honneur de vous apprendre les raisonnements dans lesquels la section est entrée d'abord.

On a dit premièrement qu'un grand nombre de magistrats de l'ordre judiciaire de notre Grand-Duché sont déjà aujourd'hui pères de famille ; que pour cette raison seule que le fils suit ordinairement la condition de son père , il pourrait fort bien arriver que d'ici à 10 ou 12 ans, ces jeunes gens, après avoir terminé leurs études universitaires, viendraient traiter la majeure partie des affaires dans lesquelles leurs pères ou parents seraient appelés à venir siéger; qu'outre le degré de parenté entre le père et le fils, il pourrait se contracter encore d'autres liens de famille soit par l'effet de mariages entre les familles, soit par l'effet de toute autre cause, et qu'ainsi on se trouverait finalement dans le plus grand embarras pour trouver le nombre suffisant de juges, lorsqu'il s'agirait de composer une section, et ce surtout dans un pays où le choix des magistrats se fait dans une population peu nombreuse et sur une surface à limites aussi resserrées que dans le Grand-Duché.

D'un autre côté aussi, on n'a pu méconnaître cette grande vérité, que par l'affection, même quelquefois aveugle, le père ou le parent ne voit toujours que sous l'aspect le plus favorable son fils ou son parent , et qu'on pourrait supposer certaines influences suspectes et parfois dangereuses , et qu'ainsi enclin à raisonner et à s'expliquer les choses à sa manière , le juge lié par une parenté ou par une alliance pourrait s'exposer à des soupçons qui mettent en péril la foi que les justiciables doivent avoir dans l'impartialité de leurs juges.

Ces dernières considérations étant D'INTÉRÊT GÉNÉRAL, l'ont emporté sur les premières.

En conséquence , la section propose la conservation entière de l'article 1er de la loi ; et pour ne pas entâcher de nullité radicale les arrêts ou les jugements qui auront été rendus soit par l'effet d'ignorance du degré de parenté du juge, ou par l'effet de toute autre cause, et pleine de confiance en la délicacsse et en l'impartialité qui doivent caractériser les juges , elle est d'avis que l'article 2 de la présente loi soit effacé.

—

Séance des États du Grand-Duché de Luxembourg, du 17 juin 1843. — Résumé de la discussion du projet de loi sur la RÉCUSA-TION *des Juges.*

M. WILLMAR déclare qu'il s'est toujours fait un scrupule de siéger comme Procureur-Général avec le père de son épouse comme Président de la Cour; qu'il croit encore avoir bien fait et n'avoir donc pas de motif de ne pas continuer de s'abstenir ; mais qu'il n'avait pas pensé que la délicatesse lui fit un devoir aussi, de ne pas porter la parole comme organe du Ministère Public dans les affaires dans lesquelles soit le père de son épouse jusqu'en 1839, soit un des frères de son épouse plaidait pour l'une ou l'autre partie en cause; — il ajoute que le projet de loi qui va être discuté, l'obligerait cependant, d'après les articles 380 et 381 du Code de procédure civile, à s'abstenir dans tous les procès civils où son beau-frère par alliance figurerait comme avocat.

Cette loi a quelque chose de trop personnel pour lui pour qu'il puisse prendre part à la discussion et au vote.

M. Willmar se retire.

M. le Président ouvre la discussion générale ; personne ne demandant la parole, il expose les conclusions de la 1re Section sur le projet.

Le 1er considérant du préambule est adopté. — M. le Président propose ensuite avec la Section de biffer le 2e considérant et de maintenir le 3e. — Adopté.

L'article 1er est mis en discussion.

M. *Rausch* pense que l'article 1er pourrait être converti en un 10e paragraphe à ajouter à l'article 378 du Code de procédure.

M. SIMONS pense que la forme est ici indifférente.....

M. AUGUSTIN voudrait que le projet consacrât plus explicitement le droit du Juge de se récuser lui-même. M. Ferd. PESCATORE trouve que l'adoption de cette loi pourrait faire planer une grave suspicion sur l'ordre judiciaire du Grand-Duché, et craint les difficultés qui en résulteraient pour l'administration de la Justice, et il croit que si un pareil principe recevait son application pour l'ordre Judiciaire, il ne tarderait pas non plus à trouver de l'application dans l'ordre administratif.

M. Emm. SERVAIS trouve les objections du préopinant non fondées; il existe en effet depuis longtemps des dispositions sur les récusations, qui n'ont pas nécessité les mêmes mesures relativement à l'administration.

Il faut savoir ce qui se passe ; le plaideur qui perd son procès , cherche toujours la cause de cette perte dans d'autres motifs que ceux tirés du défaut de bons moyens. Eh bien ! quand il existe une proche parenté entre le Magistrat et l'avocat , c'est à cette circonstance qu'il attribuera son échec. *Or , il importe de mettre la Magistrature hors de l'atteinte de pareils soupçons , afin qu'elle ait la considération dont il faut qu'elle jouisse.*

Jusqu'à présent le Magistrat proche parent du défenseur de la partie, qui aurait voulu se récuser, n'aurait pas pu le faire ; il n'appartient pas, en effet, aux Magistrats de s'abstenir dans les cas non prévus. — Il faut remédier à cet inconvénient.

M. JURION propose de restreindre la récusation à la parenté au 1er et 2e degré. — L'article 1er, ainsi amendé, est adopté.

L'article 2 est mis en discussion. — La section propose de retrancher cet article.

On propose d'y substituer cette disposition : « Le juge qui sera « dans le cas d'être récusé, aux termes de l'article précédent, se » conformera à l'article 380 du Code de Procédure. » Cette disposition est adoptée pour former l'article 2.

L'assemblée remet à sa prochaine séance le vote sur l'ensemble du projet.

—

Séance du 19 Juin.

L'appel nominal constate 18 voix pour l'adoption du projet, et une voix contre.

Quatre membres s'abstiennent pour n'avoir pas été présents à la discussion.

En conséquence, M. le président déclare que l'assemblée adopte le projet.

Loi du 6 juillet 1843.

Nous, Guillaume II, etc.

Considérant que les lois sur la procédure civile en vigueur dans notre Grand-Duché, confèrent aux plaideurs le droit de récuser leurs juges toutes les fois que ces derniers ont un intérêt direct ou indirect dans l'affaire soumise à leur tribunal;

Considérant que le choix des magistrats luxembourgeois se faisant dans une population peu nombreuse et sur la surface d'un pays à limites resserrées, doit souvent mettre en contact des juges et des défenseurs liés entre eux par une parenté ou une alliance qui laissent nécessairement supposer l'intimité ; *que de telles liaisons, en exposant les juges à des soupçons de prédilection, mettent en péril la foi que les justiciables doivent avoir dans l'impartialité de leurs juges;*

Les États entendus dans leur avis ;

Avons ordonné et ordonnons ce qui suit :

Art. 1er. — Dans les affaires civiles portées devant la Cour Supérieure de Justice et devant les Tribunaux de notre Grand-Duché, toutes les fois que le défenseur de l'une des parties, *soit avocat*, *soit avoué*, sera parent ou allié à l'un des juges en ligne directe et jusques et inclusivement le deuxième degré en collatérale, il sera loisible à la partie adverse de récuser le magistrat, ainsi parent ou allié.

Art. 2. — Le juge qui sera dans le cas d'être récusé, aux termes de l'article précédent, se conformera à l'article 380 du Code de Procédure civile.

Mandons et ordonnons, etc.

La Haye, le 6 juillet 1843.   (Signé) GUILLAUME.

Pour expédition conforme : Le chancelier d'État par intérim, pour les affaires du Grand-Duché,

       (Signé) DE BLOCHAUSEN.

www.ingramcontent.com/pod-product-compliance
Lightning Source LLC
Chambersburg PA
CBHW061344050726

47595CB00005B/2063